Gabriele Kuby

Gender – Eine neue Ideologie zerstört die Familie

fe

7. Auflage 2015

Hauptstr. 22, D-88353 Kisslegg
Gestaltung: Renate Geisler
Druck: Sosset GmbH, Kisslegg

ISBN 978-3-86357-078-1

Gabriele Kuby

Gender

Eine neue Ideologie zerstört die Familie

Inhalt

Gott schuf also den Menschen als sein Abbild; als Abbild Gottes schuf er ihn. Als Mann und Frau schuf er sie. Gott segnete sie, und Gott sprach zu ihnen: Seid fruchtbar und vermehrt euch.“

(Gen 1,27-28)

Gender

Eine neue Ideologie zerstört die Familie

Jeder merkt, dass sich die Gesellschaft in einem schnellen Veränderungsprozess befindet. Dies zeigt sich insbesondere an der wachsenden Instabilität von Ehe und Familie und der Werte, welche diese tragen. In der „Allgemeinen Erklärung der Menschenrechte“ von 1948 wurde festgeschrieben:

„Die Familie ist die natürliche Grundeinheit der Gesellschaft und hat Anspruch auf Schutz durch Gesellschaft und Staat.“ (Artikel 16,3)

Die meisten nationalen Verfassungen schreiben dies ebenso fest.

Familie beruht auf der treuen Bindung von Mann und Frau in der Ehe, welche Kindern das Leben schenken und sie nach Kräften zu gesunden und leistungsfähigen Individuen erziehen. Dies alles wird heute in Frage gestellt durch eine neue Sicht des Menschen, der Geschlechtsidentität von Mann und Frau und der Normen des sexuellen Verhaltens. Der Schlüsselbegriff dieser Revolution ist „gender“.

1. Was bedeuten die Begriffe „gender“ und „gender-mainstreaming“?

„Gender“ bedeutet „das soziale Geschlecht“, welches mit dem biologischen Geschlecht übereinstimmen kann, aber nicht muss. „Gender“ war ursprünglich ein grammatikalischer Begriff zur Unterscheidung des Geschlechts eines Wortes (der, die, das). Auf der UN-Weltfrauenkonferenz 1995 in Peking wurde durchgesetzt, das Wort „sex“ als Ausdruck für die Zweigeschlechtlichkeit von Mann und Frau durch das Wort „gender“ zu ersetzen. Die Feministinnen hatten die Geschlechtspolarität zwischen Mann und Frau und die „Zwangsheterosexualität“ als Ursache für die Unterdrückung der Frau und sexueller Minderheiten ausgemacht und wollten mit diesem neuen Begriff das Übel an der Wurzel packen. Nicht mehr zwei Geschlechter soll es geben, sondern viele: Hetero-, homo-, bi- und transsexuelle Personen. Die Politik des „gender-mainstreaming“ soll in allen gesellschaftlichen Bereichen nicht nur das berechtige Anliegen der Gleichberechtigung zwischen Männern und Frauen durchsetzen, sondern absolute „Gleichheit“ herstellen, d.h. jede Unterscheidung zwischen Mann und Frau und verschiedenen Formen der Sexualität verbieten. Die gesellschaftliche Bevorzugung der Heterosexualität soll überwunden werden.

Auf der Pekinger UN-Konferenz formierte sich eine „Familienkoalition", welche ihre Opposition so formulierte: „Die Pekinger Aktionsplattform ist ein direkter Angriff auf die Werte, Kulturen, Traditionen und religiösen Überzeugungen der großen Mehrheit der Weltbevölkerung sowohl in den Entwicklungsländern als auch in den Industrienationen. Das Dokument zeigt keinerlei Respekt für die Würde des Menschen, versucht, die Familie zu zerstören, ignoriert die Ehe, wertet die Bedeutung der Mutterschaft ab, fördert abweichende sexuelle Praktiken, sexuelle Promiskuität und Sex für Jugendliche."[1] Trotz allem Widerstand wird diese Politik seit zwanzig Jahren weltweit erfolgreich durchgesetzt.

2. Judith Butler – die Vordenkerin

Einer Veränderung der Gesellschaft gehen Ideen voraus. Die Vordenkerin der Gender-Theorie ist Judith Butler, Professorin für Rhetorik und Philosophie an der University of California, der Columbia University und der European Graduate School in der Schweiz. Sie ist bekennende Lesbe. Ihr 1990 erschienenes Buch, *Gender Trouble – Feminism and the Subversion of Identity* (Deutsch: *Das Unbehagen der Geschlechter*), benennt im Titel, worum es geht: Die Untergrabung der Identität von Mann und Frau. Butlers Anliegen: „Wie kann man am besten die Geschlechter-Kategorie stören, die die Geschlechter-Hierarchie und die Zwangsheterosexualität stützen?"[2] Dazu will Butler das Inzestverbot aufheben und die „heterosexistischen Signaturen" in allen Bereichen ausmerzen. Mann und Frau, Ehe und Familie, Vater und Mutter, Sexualität und Fruchtbarkeit haben keinen Anspruch auf Natürlichkeit, vielmehr begründen sie die Herrschaft des Mannes über die Frau und die Überlegenheit der Heterosexualität über alle anderen Formen der Sexualität. Judith Butler wird mit großen Preisen überhäuft. Am 11. September 2012 erhielt sie den mit 50.000 € dotierten Theodor W. Adorno-Preis der Stadt Frankfurt am Main. Innerhalb von zwanzig Jahren haben sich die Theorien Judith Butlers an den Universitäten als neues Fach „Gender-Studies" etabliert, in welchem „Studierende" lernen, die Geschlechtsidentität von Mann und Frau und die Heterosexualität in Frage zu stellen.

3. Widersprüche der Gender-Theorie

1. Der Mensch ist entweder Mann oder Frau und pflanzt sich durch geschlechtliche Vereinigung fort.
2. Jede Körperzelle eines Mannes ist männlich, jede Körperzelle einer Frau weiblich. Die Forschungsergebnisse der Neurophysiologie zeigen, dass Mann und Frau „von Natur aus anders“[3] sind und sich gegenseitig ergänzen.
3. Ungerechtigkeiten im Verhältnis der Geschlechter, wie es sie in vielen Ländern noch gibt, können durch die Aufhebung der unterschiedlichen Eigenschaften von Mann und Frau nicht behoben werden. Nur durch die Bereitschaft zur wechselseitigen Ergänzung können Unterdrückung und Machtkampf überwunden werden.
4. Wenn es nach der Gender-Ideologie keine grundlegenden Unterschiede zwischen Mann und Frau gibt, erübrigt sich der Kampf um mehr Rechte für Mann und Frau.

5. Die Behauptung, jede sexuelle Orientierung sei gleichwertig, widerspricht einer grundlegenden Wahrheit: Heterosexualität ist eine Bedingung der Existenz des Menschengeschlechts, auf ihr beruhen Ehe und Familie. Homosexualität trennt die Sexualität von der Fruchtbarkeit und spaltet die Geschlechter und die Generationen.

4. Der politische Missbrauch der Sprache

Ein wichtiges Instrument zur Veränderung der tragenden Wertvorstellungen der Kultur ist die Sprache. Die Sprachveränderung geschieht auf zwei Ebenen, erstens durch einen Eingriff in die Grammatik und zweitens durch die Umdeutung von Begriffen.

1. Feminisierung der Grammatik.
Die Verwendung der maskulinen Form zur Bezeichnung beider Geschlechter (Bürger, Freunde, Christen), wird als „sexistischer Sprachgebrauch" angeprangert. Es muss eine Verdoppelung stattfinden: Bürger und Bürgerinnen, Freunde und Freundinnen, Christen und Christinnen, seltener Terroristen und Terroristinnen; oder eine Eliminierung der männlichen Form: statt Studenten *Studierende*, statt Lehrer *die Lehrperson*, statt Fußgängerübergang *Zebrastreifen*.[4]

2. Umdeutung von Begriffen
Begriffe werden umgedeutet und neu erfunden, um politische Absichten zu transportieren, allen voran der bahnbrechende Begriff *gender*.

Begriffe, welche überlieferte Werte zum Ausdruck bringen und moralische Unterscheidung erlauben, werden negativ bewertet und unbrauchbar. Beispiele:

Tugend, Moral, Keuschheit, Natur, Wesen – Perversion, Abweichung, Laster, Sünde.

Positive Begriffe, welche für die europäische Philosophie und Kultur zentral sind, werden entleert und mit den Inhalten der neuen Ideologie gefüllt, um diese zu verschleiern. Beispiele:

> *Freiheit* wird von Wahrheit und Verantwortung gelöst und auf „Tu, was du willst" reduziert. Dies führt in den Hyperindividualismus und macht Gemeinschaft unmöglich. Die Folge ist nicht Freiheit für alle, sondern die Durchsetzung des Stärkeren.
>
> *Toleranz*, einst hochgelobt als eine Bedingung geistiger Freiheit, wird zu einem Kampfbegriff des Relativismus, zu einem Instrument des Angriffs auf Wahrheit.
>
> *Gerechtigkeit* wird mit Gleichheit gleichgesetzt, obwohl Gerechtigkeit seit alters her bedeutet

suum cuique, also nicht allen dasselbe, sondern jedem das, was ihm gebührt.

Vielfalt (englisch: *diversity*). Weil Vielfalt in der Natur wünschenswert ist, soll auch jedes beliebige sexuelle Verhalten des Menschen für gut befunden werden.

Menschenrechte: Während die „Allgemeine Erklärung der Menschenrechte“ Rechte formuliert, die allen Menschen unterschiedslos zukommen, wird der Begriff heute benutzt, um Privilegien sexuell definierter Minderheiten durchzusetzen.

Diskriminierung: Das lateinische Wort *discrimen* heißt Unterscheidung. Antidiskriminierungsgesetze kriminalisieren zunehmend die Unterscheidung zwischen objektiv unterschiedlichen Realitäten. Sie sanktionieren nicht nur Taten, sondern Einstellungen. Die Unterscheidung selbst gilt als unmoralisch, die persönliche Freiheit wird zunehmend eingeschränkt.

Neue Begriffe werden erfunden, um eine neue Sicht des Menschen durchzusetzen. Die Begriffe

Gender, Genderidentität, sexuelle Orientierung haben keinen objektivierbaren Inhalt, sondern werden ausschließlich durch die subjektive Selbstwahrnehmung des Einzelnen definiert. In den *Yogyakarta Prinzipien*[5] finden sich diese Definitionen:

„Der Begriff *sexuelle Orientierung* bezeichnet die Fähigkeit eines Menschen, sich emotional und sexuell intensiv zu Personen desselben oder eines anderen Geschlechts oder mehr als eines Geschlechts hingezogen zu fühlen und vertraute und sexuelle Beziehungen mit ihnen zu führen."

„Unter *geschlechtlicher Identität* versteht man das tief empfundene, innere und persönliche Gefühl der Zugehörigkeit zu einem Geschlecht, das mit dem Geschlecht, das der betroffene Mensch bei seiner Geburt hatte, übereinstimmt oder nicht übereinstimmt."

Elter 1 und *Elter 2* soll die Worte Vater und Mutter ersetzen, um gleichgeschlechtliche „Eltern" nicht zu diskriminieren.

Homophobie: Eine Phobie ist eine krankhafte Angst. Es gilt demnach jeder als krankhaft, der Heterosexualität und Homosexualität nicht für gleichwertig hält.

Hassrede, Homohasser: Jede Äußerung, durch welche sich LGBTTIQ-Personen (**L**esbisch, **G**ay (Schwul), **B**isexuell, **T**ranssexuell, **T**ransgender, **I**ntersexuell, **Q**ueer) verletzt fühlen, wird als „Hassrede" gebrandmarkt, selbst wenn es sich um biblische Zitate oder wissenschaftliche Untersuchungen handelt. In vielen Ländern (u. a. Kanada, Vereinigtes Königreich, Dänemark, Schweden, Süd-Afrika) sind sogenannte *hate laws* eingeführt worden, welche jede Äußerung unter Strafe stellen, durch welche sich nicht-heterosexuelle Minderheiten diskriminiert fühlen. De facto werden dadurch in erster Linie diejenigen kriminalisiert, die an der christlichen Schöpfungsordnung festhalten.[6]

Jeder, der sich dem Gender-Neusprech nicht anpasst, gibt sich als jemand zu erkennen, der mit der neuen Wertordnung nicht konform geht.

5. Die politische Durchsetzung der Gender-Ideologie von oben nach unten

1. Auf der UN-Ebene

Die Auflösung der Geschlechtspolarität und der moralischen Normen der Sexualität entspringt nicht wie andere Revolutionen einer Notsituation großer Bevölkerungsteile, sondern geht von den Machteliten dieser Erde aus. Sie wird „top-down" durchgesetzt durch ein Zusammenwirken von UN-Organisationen, insbesondere denen für Menschen-, Frauen- und Kinderrechte, mit globalen Nichtregierungsorganisationen wie International Planned Parenthood (in Deutschland pro familia), milliardenschweren Stiftungen wie Rockefeller, Bill & Melinda Gates und Milliardären wie Warren Buffet und George Soros.[7] Jüngste UN-Initiativen zeigen die globalen gesellschaftspolitischen Ziele:

- Am 24. Juli 2013 beschloss das Economic and Social Council der UN: „Die Gender-Perspektive soll in alle Politiken und Programme durch einen systemweiten Handlungsplan gemainstreamt werden."

- Am 26. Juli 2013 verkündete der Hohe Kommissar für Menschenrechte die neue UN-Kampagne „Free & Equal“ zur globalen Förderung der Rechte von LGBT-Personen. Da die Mehrheit der Mitgliedstaaten der UN keine Homosexualisierung ihrer Kultur will und es deshalb keinen Konsens für die Finanzierung gab, wird die Kampagne von externen Spendern finanziert.
- Am 5. Februar 2014 forderte das UN Committee for the Rights of the Child den Heiligen Stuhl auf, die katholische Kirche müsse ihre ablehnende Haltung gegen Abtreibung, Verhütung, gleichgeschlechtliche Ehe und Sex von Jugendlichen revidieren.

2. Auf der EU-Ebene

Die Europäische Union, geboren aus der Friedenssehnsucht der europäischen Völker nach dem Zweiten Weltkrieg, hat sich zu einem Machtapparat entwickelt, welcher bestrebt ist, die Gender-Ideologie als Norm in allen Mitgliedstaaten zu verankern und Widerstand zunehmend zu ahnden.

Entscheidungen und politische Strategien von Kommission, Europäischem Parlament, der EU-Grundrechteagentur, des Europäischen Gerichtshofs für Menschenrechte und Lobbyorganisationen wie ILGA Europe – dem Dachverband der Homosexuellenbewegung, welcher zu 70 Prozent durch öffentliche Gelder, u. a. der EU-Kommission finanziert wird – haben dies zum Ziel: durch Entschließungen und Gesetze zu *Gleichstellung, Anti-Diskriminierung, Homophobie, Homo-„Ehe"* den Umsturz der Wert- und Sozialordnung Europas herbeizuführen. Die Auflösung der moralischen Normen, auf welche die Familie notwendig angewiesen ist, soll als „neue Ethik" für alle Mitgliedstaaten verbindlich werden.

Mit solider Mehrheit nahm das Europäische Parlament am 4. 2. 2014 den „EU-Fahrplan zur Bekämpfung von Homophobie und Diskriminierung aufgrund von sexueller Orientierung und Geschlechtsidentität" (Lunacek-Bericht) an, obwohl es hunderttausendfachen Protest von EU-Bürgern gegeben hatte. Unter der Flagge der Menschenrechte fordert der Bericht Sonderrechte für sexuell definierte Minderheiten. Sollte die „Fünfte

Gleichbehandlungsrichtlinie“ der EU beschlossen werden, so wird dies für alle Bürger der EU-Mitgliedstaaten zu einer weiteren Beschränkung der Religionsfreiheit, Gewissensfreiheit, Redefreiheit, des Erziehungsrechts der Eltern und der unternehmerischen Freiheit führen.[8]

3. Auf der gesellschaftlichen Ebene

Durch Kabinettsbeschluss der Bundesregierung wurde in Deutschland 1999 Gender-Mainstreaming „zum Leitprinzip und zur Querschnittsaufgabe“ der deutschen Politik erhoben, ohne dass es darüber eine Debatte im Parlament oder in den Medien gab. Gleichstellungsbeauftragte in jeder Institution sorgen für „substantielle Gleichheit“ zwischen Männern und Frauen, angefangen von der Auflösung sogenannter „Geschlechts-Stereotypen“ im Kindergarten[9], über die Benachteiligung von Jungen im Bildungssystem bis zur Bevorzugung von Frauen auf dem Arbeitsmarkt durch rechtsverbindliche Frauenquoten. Aber es geht bei Gender-Mainstreaming um mehr, nämlich um die „Dekonstruktion der Geschlechterordnung“ und die Auflösung der Heterosexualität als Norm.[10]

Im Koalitionsvertrag der Großen Koalition vom Dezember 2013 verpflichten sich SPD und CDU „Diskriminierungen von gleichgeschlechtlichen Lebenspartnerschaften und von Menschen auf Grund ihrer sexuellen Identität in allen gesellschaftlichen Bereichen zu beenden“ und mit einem Nationalen Aktionsplan „Homophobie“ und „Transphobie“[11] zu bekämpfen. Insbesondere soll die durch Steuergelder finanzierte Bundesstiftung Magnus Hirschfeld weiter gefördert werden (Stiftungsvermögen 10 Millionen Euro), welche sich für die Durchsetzung der Yogyakarta-Prinzipien (vgl. Anm. 5) und die Aufnahme der „sexuellen Identität“ in §3,3 des Grundgesetztes einsetzt.

6. Umerziehung der Kinder durch Sexualisierung

Will man die Grundeinstellungen der Bevölkerung zur Sexualität ändern, so muss man bei den Kindern anfangen. Was das bedeutet, zeigt jede einschlägige Broschüre der Bundeszentrale für gesundheitliche Aufklärung (BZgA). Zusammen mit der Weltgesundheitsorganisation (WHO) hat die BZgA *Standards for Sexuality Education in Europe*[12] herausgegeben. Darin wird empfohlen:

- Förderung der Masturbation ab dem Kleinkindalter
- Vermittlung von Homosexualität als normaler Option bereits im Kindergarten
- Auflösung von geschlechtsspezifischen „Stereotypen" bei Kleinkindern
- Vermittlung der Gleichwertigkeit der Vater-Mutter-Kinder-Familie mit Alleinerziehenden-, Patchwork- und Regenbogenfamilien
- Förderung von sexuellen Spielen im Kindergarten

- Vorbereitung auf das „erste Mal“ bereits in der Grundschule
- Ausbildung in Verhütungstechniken, z. B. Kondome über Plastikpenisse ziehen
- Information über Sexualtechniken: Petting, erogene Zonen, Oral- und Analsex
- Zwang zur Verbalisierung sexueller Vorgänge
- „Sichere“ Abtreibung
- Autonome Kinderrechte

Hinter dieser „tabufreien Sexualerziehung“ stehen u. a. die „global players“ UN, UNESCO, EU, International Planned Parenthood und die Weltgesundheitsorganisation.

In Deutschland stellt der Bildungsplan von Baden-Württemberg eine weitere Radikalisierung dar. Er sieht vor: „Sexuelle Orientierung und Akzeptanz sexueller Vielfalt müssen verpflichtend ... als Querschnittthema in den unterschiedlichen Fächern und Klassenstufen ... verankert werden.“[13] Akzeptanz heißt, LGBTTIQ-Lebensstile[14] sollen von Schülern positiv gewertet und ihnen als persönliche Option angeboten werden (z.B. Unterstützung beim „coming-out“).

Die Gefahren der Sexualisierung sind offensichtlich:

- Verlust der Kindheit
- Zerbrechen des Schamgefühls
- Ausbreitung von Geschlechtskrankheiten
- Anstieg von Frühschwangerschaften und Abtreibungen
- Seelische Verletzungen und Bindungsunfähigkeit durch Ermutigung zur Promiskuität
- Aushöhlung des Erziehungsrechts der Eltern
- Blockierung der Beziehung zu Gott

Angesichts der Verpflichtung des Grundgesetzes auf den staatlichen Schutz von Ehe und Familie, der niedrigen Geburtenraten und des Wunsches der großen Mehrheit der jungen Generation nach Familie (vgl. Shell-Studien) müsste die Schule Kinder und Jugendliche angemessen auf Ehe und Familie vorbereiten und über die Gefahren von Frühsexualität und eines nicht-heterosexuellen Lebensstils aufklären.

7. Widerstand gegen den Genderismus

In vielen europäischen Ländern gibt es wachsenden Widerstand gegen die Gender-Revolution. Einige Beispiele:

Ungarn hat seit 2012 eine christliche Verfassung, welche die Ehe als Verbindung von Mann und Frau definiert und das Leben von der Zeugung bis zum natürlichen Tod schützt.

In *Frankreich* entstand 2013 die Massenbewegung „Manif pour tous“, welche für das Recht des Kindes auf Vater und Mutter, gegen die „Homo-Ehe“ und gegen staatlich aufgezwungene Gendererziehung in der Schule kämpft.

In *Norwegen* hat der Komiker Harald Eia *Das Gleichstellungsparadox* (so der Titel) und die mangelnde Wissenschaftlichkeit der Gender-Forscher in Videos vorgeführt, so dass die norwegische Regierung Gelder für die Gender-Forschung gestrichen hat.

In der *Schweiz* wurde das Luzerner Kompetenzzentrum für Sexualpädagogik nach öffentlichen Protesten geschlossen.

In *Russland* beschloss das Parlament einstimmig, dass in den Schulen keine familienfeindliche Propaganda stattfinden darf.

In *Kroatien* sprachen sich zwei Drittel der Wähler in einem Referendum dafür aus, dass die Ehe in der Verfassung als ein Bund von Mann und Frau festgeschrieben wird.

In *Deutschland* unterzeichneten 200.000 Bürger Anfang 2014 eine Petition gegen den Bildungsplan von Baden-Württemberg, weil er „unter der Ideologie des Regenbogens" steht. In Köln und Stuttgart gab es Anfang 2014 Demonstrationen zum Schutz der Kinder vor staatlicher Umerziehung.[15]

Bischöfe gegen die Gender-Ideologie

In Treue zur frohen Botschaft der Bibel über Liebe, Ehe, Sexualität und Familie haben um die Jahreswende 2013/2014 die Bischofskonferenzen der Slowakei, Polens, Portugals und Norditaliens sowie der Bischof von Chur in der Schweiz entschiedene Hirtenbriefe gegen die Gender-Ideologie veröffentlicht. Sie legen dar, dass Gott den Menschen auf den Höhenweg der Liebe ruft und dass die eheliche Liebe die menschliche Entsprechung der Liebe Gottes zu den Menschen ist. Dabei berufen sie sich insbesondere auf die Enzykliken Papst Johannes Paul II., der mit der Theologie des Leibes die biblische Botschaft für ein sinnerfülltes, glückliches Leben in neuer Tiefe ausgeleuchtet hat.

Bereits am 21. Dezember 2012 hatte Papst Benedikt XVI. in der Ansprache an das Kardinalskollegium und die Kurie vor der „tiefen Unwahrheit dieser Theorie und der in ihr liegenden anthropologischen Revolution" gewarnt. Er sagte: „Wo die Freiheit des Machens zur Freiheit des Sich-selbst-Machens wird, wird notwendigerweise der Schöpfer selbst geleugnet und damit am Ende auch der Mensch als göttliche Schöpfung, als Ebenbild Gottes im Eigentlichen seines Seins entwürdigt. Im Kampf um die Familie geht es um den Menschen selbst. Und es wird sichtbar, dass dort, wo Gott geleugnet wird, auch die Würde des Menschen sich auflöst. Wer Gott verteidigt, verteidigt den Menschen."

Anmerkungen

[1] Dale O'Leary: *The Gender Agenda*, Lafayette 1997.

[2] Judith Butler: *Feminism and the Subversion of Identity*, New York 1990; Deutsch: *Das Unbehagen der Geschlechter*, Frankfurt a. M. 1990.

[3] Doris Bischof-Köhler: *Von Natur aus anders. Die Psychologie der Geschlechtsunterschiede*, Stuttgart 2002/2006. Louann Brizendine: *Das weibliche Gehirn. Warum Frauen anders sind als Männer*, Hamburg 2007.

[4] Marlis Hellinger, Christine Bierbach: *Eine Sprache für beide Geschlechter. Richtlinien für einen nicht-sexistischen Sprachgebrauch*, hrsg. von der Deutschen UNESCO-Kommission, Bonn 1993.

[5] Es handelt sich um ein einflussreiches Dokument zur Durchsetzung der LGBT-Agenda, welches von „Menschenrechtsexperten" in der indonesischen Stadt Yogyakarta formuliert wurde, ohne je von einem politischen Gremium legitimiert worden zu sein.

[6] Das *Observatory on Intolerance and Discrimination against Christians in Europe* dokumentiert Hunderte von Fällen: www.intoleranceagainstchristians.eu

[7] Douglas A. Sylva, Susan Yoshira: *Rights by Stelath*, International Organizations Research Group, White Paper No 8, 2009.

[8] Gudrun Kugler und Sophia Kuby: *The Principle of Equality Turned Upside Down*, 19. 02. 2014, www.europeandignitywatch.org

[9] Tanja Dräger, *Gender-Mainstreaming im Kindergarten*, Ibidem Verlag, Stuttgart 2008. Bundesministerium für Unterricht, Kunst und Kultur (Hrsg.): *Geschlechtssensible Pädagogik, Leitfaden für Lehrer/innen und Fortbildner/innen im Bereich Kindergartenpädagogik*, Wien 2009.

[10] *Das Gender-Manifest*, www.Gender-Mainstreaming.org/manifest

[11] Transsexualität ist eine psychische Störung der Geschlechtsidentität bei biologischer Geschlechts*eindeutigkeit*. Sie wird in der offiziellen Diagnoseliste als psychische Erkrankung aufgeführt (ICD-10).

[12] BZgA, Federal Centre for Health Education und World Health Organization Europe (Hrsg.), *Standards for Sexuality Education in Europe*, Cologne 2010.

[13] Vgl. Berichterstattung auf www.medrum.de

[14] Lesbisch, gay/schwul, bisexuell, transsexuell, transgender, intersexuell, queer

[15] Dies sind einige Organisationen, die sich in Deutschland für die Familie, gegen die Gender-Ideologie und gegen die Sexualisierung der Kinder einsetzen:
Agens e. V., www.agensev.de
Bündnis Rettet die Familie, www.rettet-die-familie.de
Offensive Junger Christen – OJC e. V., www.ojc.de
Initiative Familienschutz, www.familien-schutz.de
Initiative „Schützt unsere Kinder“, www.zukunft-familie.org

ZUM THEMA

Gabriele Kuby

Die globale sexuelle Revolution

Gabriele Kuby hat den Mut, die Bedrohung unserer Freiheit durch eine antihumanistische Ideologie beim Namen zu nennen. Ihr faktenreiches Buch ist ein erschütterndes Zeugnis für die systematische Zerstörung unserer Freiheit im Namen der Freiheit. Nie zuvor hat ein Autor dem Leser die Diktatur des Relativismus, die Gender-Ideologie und die Sackgassen der modernen Gesellschaft schonungsloser vor Augen gestellt. Dieses Buch schockiert und macht deutlich, was auf uns zukommt, wenn wir uns nicht wehren.

Mit einem Vorwort von Prof. Dr. Robert Spaemann.

454 Seiten, gebunden, Schutzumschlag,
19,95 €, ISBN 978-3-86357-032-3

Bestellen im Fe-Medienverlag,
Hauptstraße 22, D-88353 Kisslegg
Tel.: 07563/92006, www.fe-medien.de, info@fe-medien.de